みっぴ100%

MIHO AKIMARU PHOTO&LIFE STORY BOOK

Contents

- 4 はじめに
- 6 **CHAPTER1**
  ALL ABOUT MIPPY
- 10 Mippy Journal
- 11 **PartI　BIOGRAPHY**
- 12 幼少期〜小学生時代
- 16 中学生〜大学時代
- 20 Column 1
  釣りの趣味を内緒にしていたころ
- 22 "釣りガール"デビュー！
- 31 **PartⅡ　FAVORITE**
- 32 旅行
- 40 美帆の部屋
- 44 みほコレ。
- 48 **CHAPTER2**
  みっぴと行く2泊3日福岡の旅
  1日目　糸島の旬グルメめぐり
- 62 Column2
  魚がさばけるようになったわけ
- 64 開店！　秋丸食堂
- 66 2日目　柳川←→中洲小旅行
- 84 3日目　レトロ建築と名所散歩
- 103 **CHAPTER3**
  MIPPY's REAL VOICE
- 104 Special Interview1
  家族が語る「秋丸美帆」の素顔
- 112 みっぴの釣りMAP
- 116 Column3
  ハマっている釣りもの
- 119 Special Interview2
  今までと、今と、これから

皆様、こんにちは☀
みっぴ。人生初のフォトブックを
手にとって頂き、ありがとうございます♥

釣りと出会って早25年、
これまで色んな場所へ足を運び、
沢山の魚達と思い出を作りました
私にとって釣りとは、自然の素晴らしさと、
喜びを教えてくれた、大切なライフワークです🌲

この先もずっと、おばあちゃんになっても、
釣り糸を垂らして笑っていたいなぁ✨
これからもどうぞ、よろしくお願い致します(^ω^)

CHAPTER 1
ALL ABOUT MIPPY
Photo◎Kaho Sato

生い立ちから、釣り業界で活躍するようになるまでの道のりを秘蔵写真で振り返ります。
釣り以外の趣味、ハマっているものなど、みっぴの今もお届け。

Mippy Journal

Questions and Answers

Q 家族構成を教えて。
A 両親、姉（7歳上）、兄（5歳上）の5人家族です。

Q もうすぐ30歳。目標はある?
A お仕事はこの調子でがんばりたいです。ワーキングホリデーが30歳までなので行きたかったけれど、時間がとれなくて断念（涙）。

Q 好きなアーティストは?
A コムアイ（水曜日のカンパネラ）ちゃん、吉瀬美智子さん、鈴木ちなみちゃん。でんぱ組.incの最上もがちゃんも好きです。

Q ハマっている釣りは?
A タチウオ釣り。奥が深いです!

PROFILE あきまるみほ
秋丸美帆●1987年生まれ。福岡県出身。愛称みっぴ。父の影響で5歳から釣りを始める。2008年、釣り具メーカー DAIWAの創立50周年企画「ダイワ スーパーフレッシュアングラー」にオーディションで選ばれ、釣りの楽しさを広める活動を展開中。趣味は海外旅行とスキューバダイビング。

BIOGRAPHY

釣りに目覚めた幼少期から、学生時代、
そして「釣りガール」として活躍する現在までを秘蔵写真とともにご紹介。
家族や友だち、釣り仲間との思い出を公開します♪

幼少期〜小学生時代

九州の海や山で遊んで、自然に親しんだ幼少期。
アルバムをめくりながら両親の思い出話を聞いていたら、
釣りと出合った喜びを改めて思い出しました。

1歳

アルバムには、「産まれてきたとき、あまりに小さくて、かわいくて涙が出た」と母のメモが……。その後は順調にすくすく育ったことがよくわかります(笑)。

お魚との出会い♥

生後100日の「お食い初め」。もちろんこのときは、このマダイを釣るようになるとは誰も知る由もなく(笑)……。ちなみに、姉・兄・私とも、小さいころから魚をきれいに食べる子だったそう。

共働きだった両親が、寂しくないようにと連れてきてくれたポメラニアンのチャッピーとマルチーズのジェフ。ほかにハムスターとミニプレーリードッグ(ハタリス)もいて大所帯でした。

お父さんのおさがりを着て博多祇園山笠へ★

「女の子だけど…」

小さいころはなにかと兄に張り合っていて、このときも兄がお祭りに出ているのを見て、自分も出たいとせがんだそうです。ハッピは、父が子どものころに着ていたもの。

遊ぶのはいつも大自然の中♪

熊本・大分県にまたがる自然豊かな観光地・長者原（ちょうじゃばる）にて。家族で旅行したときに偶然、雪祭りが開催されているのを知って、参加してみた姿です。

幼稚園のクリスマス発表会。父いわく、幼稚園時代はマイペースで、目立ちたがる子ではありませんでした。

おばあちゃんのお見舞いの帰りに、小倉の皿倉山に登ったときの写真。アルバムを見ると、親戚と一緒の写真も多いですね。いとこたちに会うのも楽しみでした♪

みっぴ Memorial

九州一円の海や山で遊んだ少女時代

父のモットーは「ハコモノはダメ！」。遊園地など人工の施設でお金をかけて遊ぶのではなく、家族そろって自然の中で遊ぶという方針でした。だから、幼稚園〜小学校時代のアルバムを見ると、釣りやキャンプなどアウトドアを楽しんでいる写真がたくさん。幼いころの外遊びは、私のルーツです。

釣りデビュー★

♥大好きな糸島の海♥

釣りとの出合いは5歳のとき。
父と兄に連れていってもらって、船でアジを釣ったのをよく覚えています。
左は、糸島市の大入（だいにゅう）。
家族ぐるみでお付き合いをしていた船頭さんに遊んでもらった、思い出深い場所です。
左は、よく家族で旅行した熊本県の黒川温泉。キャンプ場があって、
ここでも釣りをしました。

♥Happy Birthday★★★♥

左は7歳、右は3歳の誕生日。ケーキは、母がスポンジを焼いて、父がクリームを作ってデコレーションした合作！お手製のケーキを食べるのは毎年のお楽しみ。

幼稚園のお月見会で
うさぎさんに変身♥

親戚の結婚式に行ったときのドレス姿。かわいい洋服を着るのもやっぱり好きでしたね。

中学生〜大学時代

人見知りに悩んだ思春期を経て、大学時代は
沖釣りとダイビングを始めたりして、一気に生活が充実。
みっぴの成長期です(笑)！

中学生時代。高校受験に向けて、
2年生くらいから勉強をがんばっていました。
大好きだったモーニング娘。の加護ちゃん、
辻ちゃんが同い年で
活躍していたのを覚えています。

受験して入った高校で、
友だちががらっと変わりました。
最初はなじめなくて、内にこもりがちな人に……。
釣りをしていることも周りには
明かしていませんでした。

思春期の頃も
お父さんと仲良し♪

人見知りで引っ込み思案だった
高校時代。活発な父はそんな私
を見てやきもき。たくさん心配
させてしまったけど、あいかわ
らず仲はよかったです。

大学1年の秋に
ダイビングデビュー♪

大学に入学したころも人見知りが直らず、
なかなか大学に足が向かなかった私は、
父にけしかけられて一念発起！
大学のダイビング部に入って、
それからは世界が開けていきました。
九州や沖縄を中心に潜るようになって、
改めて海が大好きに♥

アメリカに留学★
語学にも興味が

みっぴ Memorial
仲間も増えて釣りライフが充実

旅行にダイビングにと、趣味の世界が広がった大学時代。釣りライフも転機を迎えました。なかでも、沖釣りを始めたのはその後に大きな影響を与えたことのひとつ。高校時代までは、ボートや船でシロギス釣りやサビキ釣りを楽しんでいましたが、沖釣りに目覚めてどっぷりとハマってしまい、今に至ります(笑)。

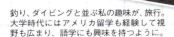

釣り、ダイビングと並ぶ私の趣味が、旅行。
大学時代にはアメリカ留学も経験して視
野も広まり、語学にも興味を持つように。

ハタチになりました!

成人の記念に、
振袖を着て写真館で撮ってもらいました。
久しぶりに見ると、メイクも今と全然違うし、
今より大人っぽい気が……。

台湾の九份。狭い路地に店が入り組んでいて、グルメに買い物にと大忙しでした♪ アジアも好きやけん、今度はベトナムに行ってみたい！

釣りの趣味を内緒にしていたころ

家族と楽しんだ少女時代

　私が釣りをするようになったのは、釣り好きの父がきっかけでした。といっても、始めた時期がはっきりしているわけではなく、「いつの間にかしていた」という表現のほうが正しいかもしれません。私が物心つく前から、父は私や姉、兄を海や川へ連れ出してくれていたからです。

　幼いころのアルバムをめくると、まだ4、5歳の私が小さな船に乗って、小さなアジを釣っている写真を見つけました。その写真を見て、少なからず記憶がよみがえるのは、きっとその時の釣りがとても楽しかったからなのでしょう。そして、その思い出が今の私の一部になっているのだと思います。

　父とは、これまで数えきれないほど釣りに出かけました。幼いころは、堤防から簡単にできるシロギス釣りやハゼ釣りを楽しんだり、知り合いの漁師さんの船に乗せてもらって、チヌ（クロダイ）を釣ったりもしました。なかなか釣れない真冬でも、サーフから投げる練習をさせられたことは、特によく覚えています（笑）。そうやってたくさんの魚を釣っていくうちに、「これは危険な魚」、「これはおいしい魚」と、知識も増えました。小さな魚をリリースすることの大切さも教えられました。

　中学生、高校生になっても、釣りザオを離すことはありませんでした。「友だちとは平日に学校で会えるから、土日は家族と過ごしたい」という思いは小学生のころから変わらず、週末になると「明日はどこに釣り行くと〜？」なんて会話を交わすのが、うちの日常。ただ、小学生時代に父が大病を患い、しばらく入院生活が続いた時期には、兄と2人で釣りに行くこともありました。釣りバカと思われるかもしれませんが、私にとっては、釣りをすることがごく当たり前の「日常生活」になっていたのです。

高校時代の友人と。初めて魚を釣って喜ぶ友人たちの姿を見る幸せも知りました。

釣りの楽しさを広めるように

　大学生になり、免許を取って車の運転ができるようになると、自由にどこでも行けるようになったので、休みの日はもちろん、授業の前後に釣りに行くようにもなりました。ただ、このころになっても、釣りが好きだということは友人には内緒にしていました。当時、女性が釣りをしている姿を見かけることはほとんどなかったので、釣りをしていることを打ち明ければ、バカにされてしまうんじゃないかとおびえていたからです。でも、ある出来事をきっかけに、その考えが間違いだったと気づかされました。

　それは、在学中にSFA（ダイワスーパーフレッシュアングラー）に選ばれ、少しずつメディアに露出し始めたときのことです。私が釣りをしていることが、自然と友人たちに広まっていたのです。そして、ある友人に「美帆、釣りしよると!?」と初めて聞かれたとき、私は恥ずかしさで押しつぶされそうになりました。でも、次の瞬間、思いがけない言葉が返ってきたのです。
「美帆、めっちゃかっこいい！すごい‼」──目から鱗とは、こういうことをいうのでしょうか。その一言で、自分の考えが誤っていたことに一瞬で気づかされました。その後も、ほかの友人たちからも同じように声をかけられるようになり、「私も釣りに連れていってよー‼」なんて言われることが、当たり前になっていきました。そして今では、未経験の友人を誘って釣りに行く機会がずいぶんと増えました。
「もしも父が釣りをしていなかったら、私は今、どんな人生を送っているのだろうか」、「釣りと出会っていたのだろうか」──そう考えるときが、しばしばあります。
　今の私にとっては、まさに"No Fishing No Life!"。釣りのない人生なんて考えられません。釣りや自然の大切さを教えてくれた父には、つくづく感謝しています。

"釣りガール"デビュー!!!!

大学在学中、オーディションによりSFA(ダイワ スーパーフレッシュアングラー)に選ばれ、釣りの楽しさを広める活動を開始。各種媒体やイベントに呼んでいただき、釣りライフはさらに充実しています。

\『ザ・フィッシング』は
憧れの番組でした♥/

2016年に、高橋慶朗さんと大阪で『ザ・フィッシング』に出演したときのよう。最近ハマっているタチウオ釣りにも挑戦して、すごく楽しかった!

Media
テレビや専門誌に出演

> 緊張もするけどいい刺激になります!

---

side story 船舶免許を取得…!

SFAに選ばれてからは、仲間も増えて、生活ががらりと変わっていきました。なかでも、同じころ、1級小型船舶操縦士免許を取得したことも、釣り人生がさらに広がって大きな転機に。たまに、自分でボートを操縦して釣りに行くようになりました。教室で、休憩時間や昼食中にも仲間とずっと釣りトークをしていたことも、いい思い出です(笑)。

2014年のフィッシングショー。憧れの児島玲子さんの隣でトークショーに参加……！

フィッシングショーでは、ブースにも立ちます。お気軽に声をかけてくださいね♪

side story
お父さんがやって来た…|д ﾟ)

父は、私がどんなふうに活動しているのかがやはり気になるらしく、地元の釣具店でのイベントにはこっそり足を運んで、物陰から見ているそうです。……といっても、そこは親子なので、私はいつもすぐに父を発見(笑)。父はそんな自分を親バカだって言っていますが、見守られているようでやっぱりうれしいです♪

ファイッ

苦労して一本釣りした
カツオ★
食べ終わるのは
あっという間でした……笑

『ザ・フィッシング』の収録中にキャッチ
した82cmのマダイ。船中が緊張に包まれ
るなか、20分ほど格闘。釣りあげてからも、
しばらく心臓バクバクでした……＞＜

ダイビングサークルの仲間を連れていったと
き、みんなで12ハイも大ものが釣れた思い出
のエギング。最初はシロギス釣りで慣らして
から移動して、3ヵ所目で1.7kgのアオリイ
カがヒット。刺身でおいしくいただきました！

Career
川でも湖でも 小ものも大ものも

ワカサギを釣っていたら、45cmほどのバスが……！イトが切られんかヒヤヒヤしながら取り込みました。

この日に釣ったなかで最大サイズのヤマメ。いい感じの落ち込みを見つけて、釣れるとうれし〜♪

最近はなかなか行けてないけど、渓流釣りも大好き。このときも久しぶりやったけん、水に入ったとたんにめっちゃテンション上がった！

きれいなヤマメさんにうっとり♥

大学生の従弟に「釣りに連れてって〜」とせがまれて、気軽に楽しめるワカサギ釣りへ。
釣果は、2人で300尾以上、2kgほど……！ 従弟も喜んでくれてうれしかった〜(^^♪

アユ釣りもなかなか行けないから、いつもチャレンジしがいがあって楽しい！ 夏はよく仲間と鮎BBQをしたなあ〜。そろそろ行きたくなってきた……(´・ω・`)

ウナギ釣りのエサは体長45cmにもなるヤマミミズ。虫が平気なのは釣り人として強みなのかも…？

side story
両親が驚愕したウナギ釣り

キャリアを積むにつれて、私の師匠だった父は「俺を越えとる…」と驚くようになりました。ウナギを釣ってきたときも、「エサのあの巨大なミミズを見たら、よう釣りきらん」って苦笑い。さらに、そのウナギを冷蔵庫で仮死状態にして蒲焼を作ったら、今度は母が「ようさばききらん」ってア然としていました(笑)。

日焼け対策ばっちりで貝堀りへ。春の浜辺に完全武装した人がいたら、それは私です……？

Traveling

新たな釣りを求めて海外へ！

ウォールアイは、おいしいと聞いたのでキープしてムニエルに。みんな喜んでくれてうれしかった〜。

「釣りは楽しく！おいしく！」@CANADA

カナダへ釣りツアーで行ったときは、現地ならではの魚も釣れて大満足♪ 上の写真はナイスサイズのスモールマウスバス。後で知ったのですが、九州にはラージマウス（左）しかいないらし。やけん、見たことなかったったい……！変わった色に興味津々でした★

おめめが赤いサンフィッシュ。

ニュージーランドではキングフィッシュ（ヒラマサ）をねらって15kgのが釣れました！ シマアジと一緒にお刺身に……する前に、船上でちょっとつまみ食い(笑)。

side story
次の海外遠征先は…？

海外での釣りの醍醐味は、日本では見られない変わった魚が釣れること。以前は、大ものを釣ることにハマっていた時期もありましたが、今は海外で見たことがない魚を釣るのが楽しみになりました。そう考えると、私の釣りのスタイルも変わってきたんだなぁって思います。次は東南アジア釣りツアーを夢見ています♪

ドライブ大好き 海外でも運転します★

Part.2
FAVORITE

趣味の海外旅行、ダイビング、好物、最近のハマりものなど、
みっぴのお気に入りを集めました。SNS未公開の写真にも注目してね★

旅行

釣り、ダイビング、そして旅行はみっぴの三大趣味。
ここでは、プライベートで訪れた
印象深い旅行先をご案内します♪

国内編

和のみっぴ in KYOTO ♥

ドキドキ……

大学生のころ、京都の東山で舞妓さんに変身。着物も頭も重かったけど(笑)、いい体験でした(^◇^)

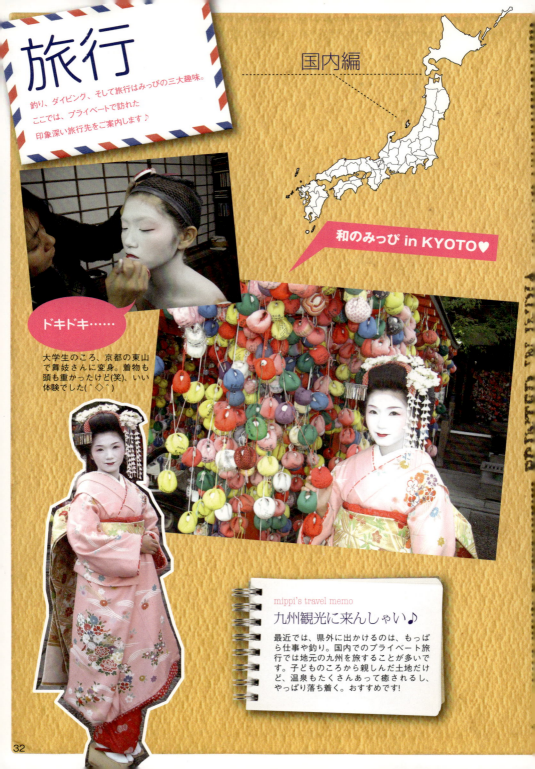

mippi's travel memo
九州観光に来んしゃい♪

最近では、県外に出かけるのは、もっぱら仕事や釣り。国内でのプライベート旅行では地元の九州を旅することが多いです。子どものころから親しんだ土地だけど、温泉もたくさんあって癒されるし、やっぱり落ち着く。おすすめです!

ご当地ラーメンも旅のお楽しみ♥

カニやイクラ、ウニが入った海鮮丼は、福岡のものとは違った味わい♥ @札幌

北海道・旭川で醤油ラーメンを。あっさりしててウマ〜でした★

絶景スポットにくぎづけ!

コバルトブルーが美しい北海道・美瑛の「青い池」。評判どおりの神秘的な光景に、雨も忘れてうっとり……！
上流の滝から流れ込む成分によってこの色になったそうです。

おしゃれなドライフラワー屋さんを発見。北海道らしいですね。

北海道・旭山動物園のシロクマさん♥

名所・旧跡
世界中の遺産を見てみたい!

ずっと行きたかったマチュピチュを目指して地球の裏側へ。到着したときは、感動のあまり涙が……。今まで訪れたなかでもトップ3に入る旅になりました。

ペルー

リャマは臭い唾を吐いて威嚇すると聞いたので、じつはちょっとビビりながら近づいてます(笑)。

リャマと見つめ合える幸せ…♥

カナダ

アメリカ

ナイアガラの滝に虹が……!

タイ

巨大な涅槃仏に思わず合掌

タイのアユタヤ遺跡。首がない仏像や、木の根っこに覆われた仏頭……時間の流れを感じさせる、不思議な旧跡でした。

チュニジア

ギリシャの遺跡。ついにキター！って感動しました……！

ギリシャ

mippi's travel memo
次はアンコールワットへ……？

次の海外旅行先に計画しているのが、カンボジアとベトナム。目的はアンコールワットの遺跡と、フォー（大好き♡）。できればGWあたりに行きたいなぁ～……。旅行をごほうびに、今日もがんばって仕事します(笑)

やっぱり、海♥
家族と
地中海クルーズへ

地中海を背景に。地元の魚料理も堪能したよ♪

客船から眺める夕暮れ時の地中海。釣り船から眺める海とは違いますね。ぜいたくな時間を過ごせました。

客船の旅では、いつもよりぐんとドレスアップ。気分も上がる……！

船の中の
みっぴです♥
似合う？

イカさんのゲームに
ハマってます

カラフルなインクを撃ち合うシューティングゲーム『スプラトゥーン』に激ハマリ中！ 主人公は、「インクリング」という名前のイカ。そう、ゲームでも釣りのターゲットと一緒なんです(笑)。

Culture
部屋にいるみっぴは何してる？

『フォレスト・ガンプ』は
ときどき見返すお気に入り

　少し前にアメリカのドラマにハマっていて、『GOSSIP GIRL』を見ていました。『GOSSIP GIRL』では、ブレイク・ライブリーとレイトン・ミースターが好きでした。日本のドラマはあまり見ないので、最近の俳優さにどんどん疎くなっています(笑)。海外ドラマや映画のDVDを借りてきて、時間のあるときにまとめて見ることが多いです。
　男性の俳優さんだと、トム・ハンクスが好き。クマさんみたいでかわいいと思います。好きになったきっかけの『フォレスト・ガンプ 一期一会』は、子どものころから何度も見ているお気に入り。大人になってから見たときも改めていいなぁってしみじみ感じました。

みほコレ。

ファッション コスプレ♥ ヘア&メイクetc

Miho Akimaru S/W Collection

釣りのシーン以外のバラエティ豊かな秘蔵カットを公開★
みっぴの最新MODEです

ヘアカラーのモデルに

カメラマンさんにちゃんと撮ってもらった雰囲気のある写真。気に入ってます

Sexy MIPPY

今年はどの町に行こうかな……？

Mihostagram
mippy34

いいね！ 19,871,012件
mippy34 #大分 #トリック3Dアート湯布院 家族と、トリックアートが楽しめるスポットへ。おもしろい写真がたくさん撮れて、評判も上々★「これがSNS映えか…！」って実感しました。笑

サンタさん旧バージョン。毎年バージョンアップしてます(笑)

CHAPTER 2
みっぴと行く２泊３日福岡の旅
Photo◎Kaho Sato

福岡へ釣りに来たら寄ってほしいおすすめスポットをご案内。
定番から穴場まで厳選しました。

「　　　　１日目　　　　」
「糸島の旬グルメめぐり」

うしろに見えるのは「福岡市海づり公園」。
学生時代によく通った思い出深い釣り場です。

糸島の名所になりつつある、
浜辺のヤシの木ブランコ。
福岡で人気の海鮮居酒屋
「活魚茶屋 ざうお本店」さんの裏の浜辺にあります。
活魚茶屋 ざうお本店●住：福岡県福岡市西区小田79-6
TEL：092-809-2668
営：11：30～22：00 (L.O.21：00)
休：12月31日～1月2日

@二見ヶ浦

「糸島は夕日もすごくきれい。
ここ二見ヶ浦は、鳥居の向こう、
海中に浮かぶ夫婦岩に沈む夕日が絶景です」

＠唐泊恵比寿かき　かき小屋

日本で最も古い漁港のひとつといわれる唐泊。
近年、イワガキの養殖に力を入れており、
11月〜3月にカキ小屋がオープン。大粒で弾力があり、濃厚な味わい。

店オリジナルのかきご飯、かき汁もおいしい！

店内に入ったら、海鮮類、飲み物などを先に注文するのがカキ小屋のスタイル。わくわくする〜♪

唐泊恵比寿かき　かき小屋
●住：福岡県福岡市西区大字小田海づり公園緑地
TEL：092-809-1047
営：11：00〜17：00（土日祝は18：00まで）
休：木曜　※開店期間は11〜3月
（育成状況により前後するので要問合せ）

@さくらファーム

九州大学と共同開発した有機肥料・薬膳で育てたあまおうは、
思わず笑顔がこぼれる甘さ。
5月上旬までいちご狩りが楽しめる。

さくらファーム●住:福岡県糸島市志摩桜井5966-3
TEL:092-327-3272(9:00〜17:00)
営:10:00〜15:00
休:不定休 開店期間は1月上旬〜5月上旬
(育成状況により前後するので要問合せ)
料:大人1800円、小学生1200円、3歳〜600円
(各60分)、持ち帰りは2000円／kg

魚がさばけるようになったわけ

因縁のヒラメ釣り

　私の釣りのモットーは、「釣りは、楽しく！　おいしく！」。釣った魚をさばいて食べることが大好きな私ですが、幼いころから魚がさばけたわけではありません。子どものころから、釣ってきた魚は母がすぐにさばいてくれて、その日の夜には必ず食卓に並んでいました。それがずっと当たり前だったのですが、ある出来事がきっかけで、秋丸家のお魚事情は大きく変わりました。

　あれは私が大学生のころ、福岡市にある海づり公園でのお話です。そこには昔から父とよく行っていて、冬はメバル、春はサヨリ、秋にはアジをねらっていました。父はそこで、私が生まれる前後の時期に、釣ったアジを泳がせてヒラメを釣ったことが２、３回あるそうです。その話を何度も聞かされて育った私が、ヒラメをねらわないわけがありません。そこであるとき、父に内緒で、釣りが好きなダイビングサークルの先輩と、念願のヒラメ釣りに行くことにしたのです。

　その日はあまりアジが釣れなかったので、釣具屋さんで聞いた仕掛けを自分で作り、貴重なアジを泳がせていました。

　どのくらい時間が経ったでしょうか。ふとサオを見ると、穂先が海に向かって異常に曲がっていたのです。これはまさか……。すぐに先輩を呼び、リールを巻くと、今までに経験のない重みを感じ、ドキドキが止まりませんでした。そして、浮かび上がった茶色の物体を見て最高潮に興奮！　想像をはるかに超える大きさのヒラメだったのです。

　先輩はすぐ、備え付けのタモですくおうとしたのですが、当時の私たちは魚を頭からすくわないといけないことを知らず、尾ビレから一生懸命に入れようとしていました。しかも、そのタモはどう見てもヒラメの体高より小さかったので、しばらく

魚料理はいろいろ作るけれど、家族に人気なのは新鮮な味が楽しめるお刺身。

海づり公園で釣ってしまった思い出のアジ

 苦戦した後、なんと最後のヒラメの突っ込みで、チモトからハリスが切られてしまったのです……。悔しさよりも、いったい何が起こったのか理解ができませんでした。そのときはドラッグというものを知らなかったので、ドラッグをぎちぎちに締めてラインが出ない状態にしていたことも、バラした理由のひとつだったようです。そのことを後で父に聞いて知った私は、悔しくなり、しばらく海づり公園に通いましたが、あのようなドラマは二度と起こりませんでした。

自分でさばきんさいッ!!

 そしてある日、ヒラメの代わりに、おいしそうな丸々としたマアジがたくさん……150尾ほども釣れたので、途中でクーラーを壊しながらも持って帰ってきました。
「きっと家族も喜んでくれるだろうな～♪」
 ——そう思って笑顔で母に見せた瞬間です。母が、
「こんなに釣ってきてどうするとね!! 私もうさばかんけんね、自分でやりなさい!!」と、初めて怒ってしまったのです。そこで、父にさばき方を教わったのですが、魚のさばく工程は意外と簡単に見え、真似てみると最初の1尾目から上手にさばけました。自分で言うのもアレですが、センスがあったのかもしれません（笑）。
 それからは、さばくことの面白さも手伝って、魚への愛情がさらにわくようになり、大きな魚もさばけるようになりました。小さな魚でも、10kgを超す魚でも、基本は一緒なので難しくはないですよ♪
 また、私の釣りの一番の楽しみはおいしくいただくことなので、最近はレパートリーを増やすため、料理教室にも通い始めました。自分の釣った魚を自分でさばき、調理し、そして家族がおいしく食べている姿を見ることが、今の私にとっては一番の幸せです。

みっぴの魚料理レシピ

＼開店！秋丸食堂／

沖縄の郷土料理「マース煮」に初挑戦！

❶ 鯛めし
塩焼きした鯛を、昆布の上に乗せて炊く。ご飯の味付けは醤油と酒。料理好きなお母さんが集めている器に盛りつけてみました。

❷ サバの野菜あんかけ
下味をつけ、片栗粉をまぶして揚げたサバに、野菜たっぷりのあんを乗せる。彩りを添えたいときに作る一品です。

❸ つみれ汁
料理教室で習ったメニューで、作るのは3回目。野菜を出汁で煮て、包丁で叩いたつみれを落としていく。合わせ味噌で味付け。

❹ マース煮
イトヨリ（白身なら何でもOK）、ねぎ、しょうが、水、泡盛を火にかけ途中でレモンを絞り、さらに煮る。塩で味を調え、レモン汁をまわしかける。

関サバ・関アジの寿司

人気の関サバ・関アジ。姉、兄や姪っ子たちも集まってとり合いになるほど(笑)。

イカスミのパエリヤ

新鮮なイカスミを味わえる料理は釣り人ならでは。色味を加えておもてなし料理に♪

イカめし

食べごたえ満点のイカめしもよく作ります。甘めの醤油で味付けした九州風。

メバルの煮つけ

新鮮な魚はさっと煮つけに。春の魚なので、菜の花を添えてみました★

酢モツ

ブリなど大きい青ものが釣れたときに。胃袋を湯がいて酢醤油であえただけの簡単メニュー。

ブリカマの塩焼き・関アジの刺身・アジフライ

釣れすぎると料理も大変！ お姉ちゃん、お兄ちゃん一家をLINEで招集することも(笑)。

水郷柳川観光
住：福岡県柳川市三橋町下百町1-6
Tel：094-473-4343
営：乗船受付は9：00〜16：30、営業時間は〜17：00
（一般乗合船の場合。貸切船は要問合せ）
休：年中無休

「川下りの中間地点にある水上売店
「一期一会」さんで甘酒を購入。
気さくな店員さんが
さっそくtwitterでつぶやいてくれました(笑)。
ありがとうございます♪」

「橋の下をくぐるたび、
船頭さんが柳川ゆかりの歌を歌ってくれます。
美声に惚れぼれ!」

「川下りの終点の沖端地区。
初夏には掘割沿いに柳が揺れ、
より風情が増した散策路になる。

「柳川では、
隣接する有明海でとれた変わった魚が
食べられる郷土料理店も人気。
鮮魚店では、ワラスボやムツゴロウなど、
地元ならではの魚が売られていて、
見ているだけで楽しい。」

＠若松屋

たれで味つけしたご飯の上に、
蒲焼と錦糸卵を乗せて蒸した柳川独自の
「鰻のせいろ蒸し」(2,540円)。
鰻料理の名店「若松屋」は、
創業した安政年間から200年、地元で愛されている。

若松屋●住：福岡県柳川市沖端町26
TEL：094-472-3163
営：11：00〜20：00（L.O.19:30）
休：水曜（祝祭日の場合は要問合せ）

「柳川さげもんめぐり」

柳川では、女児の初節句に、ひな壇と一緒につるし雛と鞠を組み合わせた「さげもん」を飾って盛大に祝う習わしがある。市内各所で「さげもんめぐり」が楽しめ、流し雛など水上でのイベントも開催。

＠若松屋

鰻のせいろ蒸しをいただいた若松屋さんの2階で、
お店の方が娘さんたちのために作った
さげもんを公開。

＠ 御花

柳川藩主立花邸　御花でも、
たくさんのさげもんが見学できる。
部屋いっぱいに飾られた雛段やつるし雛は圧巻！

＠ 御花

柳川藩11万石を治めた立花家の屋敷は、
周辺の地名「御花畠」から親しみを込めて
「御花」と呼ばれるようになった。
明治時代の迎賓館や庭園などを含む
7000坪の敷地全体が国の名勝に指定されている。
史料館やレストラン、ホテルなども揃い、ゆったりと見学できる。

柳川藩主立花邸　御花 ●住：福岡県柳川市新外町1
Tel：094-473-2189　営：9：00～18：00
料：入園料は大人500円、高校生300円、小・中学生200円
休：7月11・12日全館休み
※修繕工事のため、
客室は2017年6月26日～宿泊不可、
大広間は2017年8月10日まで見学不可。

＠中洲

3日目
「レトロ建築と名所さんぽ」

＠ 櫛 田 神 社
「観光名所として有名だけど、私にとっては、
子どものころからよく知っている地元のなじみ深い場所のひとつ。
最近は、レンタル着物で記念撮影をする人も
増えているんですよ」

@ 水鏡天満宮

福岡市中央区の地名「天神」の由来となった天満宮。
菅原道真が太宰府に左遷される途中で博多に上陸し、
現在の薬院新川の水面に映る自身の姿を見て嘆いたという
逸話に由来して建てられた。

@柳橋連合市場

お話し好きで明るい
「柳橋食堂」の大将と。

＠柳橋食堂

一番人気の海鮮丼（670円）。
ブリを主体に、
鯛・サーモン・イカ・まぐろの5種類がたっぷり。
1階の吉田鮮魚店では煮つけやから揚げなど、
魚の総菜も販売している。

柳橋食堂●住：福岡県福岡市中央区春吉1-10（2階）
TEL：092-761-1811
営：9:30～16:00（L.O.15:30）
休：日曜・祝日

＠福岡市赤煉瓦文化館

東京駅の設計でも知られる
辰野金吾による明治期の建物。
1階には文学関係の展示室があり、
2階は会議室が貸し出され、
文化活動などに利用されている。

福岡市赤煉瓦文化館
住：福岡県福岡市中央区天神1-15-30
TEL：092-722-4666　営：9:00〜21:00
休：月曜（祝祭日の場合は翌日）、
12月28日〜1月4日
※会議室は有料・予約制。

CHAPTER 3
MIPPY's REAL VOICE

Special Interview I
家族が語る「秋丸美帆」の素顔

釣りの世界を教えてくれたお父さん、優しく見守ってきてくれたお母さん。
両親だけが知るみっぴの姿を、じっくりと語ってもらいました。

Special Interview 1

カメラマンからの指示に「見つめ合うと？」「いや～照れますね～」とお父さん。親子で食卓を囲んでゆっくり話すのは久しぶりで、昔話に花が咲きました。

釣りを愛する人たちに育てられ海に親しむように

父　美帆を釣りに連れていくようになったのは、5歳くらいのころからです。家の近くの漁港から船に乗って、メバル、メイタ（クロダイの若魚）、シロギス……いろいろ釣りました。定番は、ボートでのシロギス釣りだったかな。

　早くから海に親しんだことも、釣り好きに育った原因かと思います。糸島の大入というところに、家族ぐるみで付き合っていた船頭さんがいて、美帆が2歳くらいのときからかわいがってもらいました。四国から大阪へ出て仕事で成功した方で、全財産を売り払って全国を周遊したのち、糸島を愛して終の棲家にすると、船頭になったんです。美帆は、その船頭さんのおかげで海が好きになりました。いい思い出をたくさんくれた、美帆にとって恩人みたいな人です。

母　船に乗せてもらったり、近くの砂浜で遊んでもらったりして。だから、よくお父さんと話してるんです。「船頭さんが生きていらっしゃったら、今の美帆ちゃんを見て喜びんしゃったね」って。

父　海といえば同じころ、子どもたちに夜明けの海を見せたくて、眠っているところを毛布にくるんで車に乗せて、志賀島まで出かけて行ったことがあります。たしか初夏のころ、上の子たちは小学生で美帆は2、3歳。私が、海から太陽が登る光景が大好きなもんですから、どうしても

見せてあげたかったんです。子どもたちが目を覚まして「お父さん、こどこ！？」ってびっくりする顔が見たくて(笑)。そしたら、ねらい通り、海岸に着いたところで子どもたちが目を覚まして、海が日の光で青く染まってきて……。それを見た3人が歓声をあげよったから「やった！」って思いました。そんなこともあったし、私も釣りが好きだから、海にはよう連れて行きました。

母 もう、あんときはびっくりしました(笑)。朝、起きたら誰もいないから。ふふふ……。

父 「美帆」という名前も、海に由来したものを、と考え抜いてつけました。上のお兄ちゃんと5歳離れていて久しぶりだったから、100通り以上も考えましたよ。もう、執念で。だけどなかなか決まらなくて、期限が迫ったある日、博多の海に帆船の「日本丸」が来たんです。それで「帆」の字が浮かんで、私の父が勧めてくれた「美」の字に合わせたら、名字を含めた希望の字画にぴったり。思わずガッツポーズでした(笑)。今でも、釣り雑誌の表紙などに出た名前を見るたびに「あ〜、いい名前やな」って思います。最近では、釣りが由来だと思う方もいるようですが……。まぁ、両親ともども、ここまで釣り好きになるとは思ってませんでしたからね。

両親を驚かせた
負けん気の強さと挑戦心

父 うちの子たちは3人それぞれ、

「子どもたちの写真は山のように撮りました」。3人それぞれに、十数冊はアルバムがあるそう。

　小さいころからタイプが違いました。美帆は、幼稚園のころからものすごく負けず嫌いで、特に、お兄ちゃんに対して強い対抗意識を持っていました。よく覚えているのが、回数を競って150回ほども腹筋運動をしたとき。「この子、普通と違うな」と驚きました。

　大分の寒の地獄温泉に行ったときも、同じようなことがありました。ここには冷泉があって、我慢比べをする人が多いので、うちの子たちもやってみたんですね。普通はせいぜい5〜10分なんですが、美帆は20分近くも入っとったんですよ。「お兄ちゃんには負けたくない」っていう挑戦心とか、冒険心が強かったんでしょうね。そういう性格を思うと、釣り業界に入っていったのも、負けず嫌いな性格が根っこにあったのかもしれません。

　そのうちに、お兄ちゃんと一緒に釣りに行くようになりました。ちょうど、私が体を壊して釣りに行けなくなった時期だったから、うれしかったですね。素敵やなーって思いました。

母　私が驚かされたのは、小さいころから虫が好きで、トカゲやミミズをよく捕まえてきたことです。この子、ちょっと普通と違うなって。

父　毛虫と、ダンゴムシもね(笑)。

母　海へ行くと、「これ食べられるんでしょ」ってナマコを捕まえてくるんですよ。私が「ひゃあっ！」ってびっくりしていると、「図鑑で見た」って言うんです。生きものに対する関心が強かったみたいです。

釣り業界に入っていったのも、
負けず嫌いな性格が
根っこにあったのかもしれません

　もうひとつびっくりしたのが、私に黙って、上のお姉ちゃんと一緒にテレビの子どものど自慢大会に応募していたこと。テレビ局から「予選に通過したので取材させてほしい」って電話があってわかったんです。人見知りする割には、大胆なところもある子でした。

　そんな子ども時代だったので、ボーイッシュな面も強くて、学校では女の子に人気がありました。同性から好かれるというのは、母親としてはやっぱりうれしかったですね。

内気だった学生時代。
釣りへの意欲で殻を破る

父　子どものころは負けん気が強くて、根性がある子やな、と思っていましたが、中学、高校、それから大学1、2年あたりにかけて、ずいぶんと変わりました。人見知りが激しくなって、殻にこもるようになってしまって……。外出先では、トイレを我慢して帰ってくる、お店でお水1杯頼みきらん、そんな感じで。僕の目から見ると、うじうじしとったんです。

　ある日、耐えかねて文句を言ったんですよ。「家でじっとしとらんと、遊びでもバイトでも何でもいいから、どこか行ってきなさい」って。そしたら少し経って、「大学のスキューバダイビングのクラブに入ったよ」って言うから、びっくりしました。美帆には話していなかったんですが、私も若いころにスキューバをしていたもんですから。釣りもス

「家族で共通の趣味を持つのは、話題もつきませんし、おすすめです。僕も兄貴から釣りや山登りを教わったんですが、釣り、スキューバ、息子が空手…と、子どもたちが同じように私の趣味をやるようになりましたから」

キューバもやるようになったわけだから、「やっぱりカエルの子はカエルやな〜」って、思ったとですよね。

人見知りを直すためにMCの学校で勉強して、人前に出る練習をし始めたこともうれしかったですね。それを知って、「お水ひとつ頼みきらん子が、なんがMCができるか」ってけしかけたんですが、内心では期待していました。いい傾向やなって。それから、釣りの大会でMCをやらせてもらうようになって、しょっちゅうドジってたらしいんです。それを聞いて、逆に安心しました。だって、挑戦せんと何ごともうまくならんですからね。

釣りに対してもずいぶん挑戦しとったと思います。19歳くらいのころ、10人以上のおじさんが乗った船にひとりで乗り込んで、玄界灘に釣りに行ったことがありました。おじさんたちは、まさか若い女の子がひとりで釣りに来たとは思わなかったんでしょうね。そのうちに、「君のお父さんはどの人？……もしかしてひとりか！？」って気づいたんです。その話を後で聞いたとき、なんだか納得しました。僕もそういう釣りをしてきたから、美帆の姿が想像つくんですよ。ある部分ではすごく勇気がある子やな、と思います。

僕も釣り歴は長くて船にもよく乗りましたが、すぐに酔うんです。反対に、美帆はあまり酔わない。沖釣りのポイントは、潮を見るとか、いい船頭を見つけるとか、場所を見つけられるかとか、いろいろあると思いますが、僕は船に強いことだと思

「娘は、釣りを通して料理も上手になりました。
まさに、彼女の『釣りは楽しく、おいしく』て
モットー通りですよね。
深夜1時、2時に帰って来ても
必ずさばいているから、感心します」

うんです。そして、彼女の場合、「運」があることも強み。でも、その釣り運みたいなものも、根性があるから恵まれるんかなーって思います。……すみません、親バカですけど(笑)。

子どものころはひたすら基礎を習っていたのが、自分で仕掛けを作るようになって、プロの方と組めるようになって……。テレビを見ていると、成長したなーって、しみじみします。「こんだけ身体が小さいのに、どこからこんなエネルギーがわいてくるんかな」ってただただ不思議でしたが、根性で釣り運を引き寄せてきたんかな、よくこのハードな業界で生き残っているな、というのが本音です。

母 私は、将来のことを考えて「大学出て、就職はどうすると？」って心配したこともありました。でも、やっぱり好きなことはさせてあげたい、という気持ちもあって……。テレビに出始めたころ、自分でスケジュールが管理できなくなっているのを見て、事務所に入ってみたら？と提案してみたんです。そしたら「タレントになりたいわけじゃなくて、私はただ釣りの技術を身につけたいだけだから大丈夫」って言われて。それから、釣り船に乗せてもらっている話を聞いて、「あ、この子はもしかしたらこの道で行くかもしれん」って、少し感じました。そのころが出発点だったのかな。昔から、親があれこれ指図しなくても、自分のものをずっと持っていたんでしょうね。よう頑張ってきたね、って思います。

シロギス釣りは、父娘の定番の釣り。
ゆったりおしゃべりしながら気軽に楽しめる、
「ピクニック気分の釣り」(みっぴ)。

根性で釣り運を引き寄せて、
よくこのハードな業界で生き残っているなと思います

　でも最近、テレビで見せている笑顔を見てちょっと驚くんです。家では静かなほうなので……。

み　それは、家に帰ったとたんに「何してきたの？　どこに行ってきたの？」って質問責めだから……。うちは過保護すぎるんですよ。

父　僕は聞かないようにしてるけどね。

み　聞いてるよ！（笑）　いっつも！

父に釣り教えるようになって
幼な心を思い出すことも

父　毎年、暖かい季節になると一緒に釣りに行くんですが、最近では、娘に教わって釣ることが多いです。僕はエサ釣り派だったんですが、イカが好きなので、エギングに2、3回、連れていってもらいました。

み　船に10人ほどいるなかで2人しか釣れなかったのに、そのうちの1人だったよね。

父　あれは本当にうれしくてね……。それで夢中になりましたから。

み　子どものころ、釣りを教えてもらって喜びを感じた体験が、今、逆になっているんです。私が教えてイカを釣っている時の父を見ていて、「あぁ、私も小さいころはこういう感じで釣っていたんだな、父はこういう風に喜んでいたんだな」って思いました。そういうことが、今になって、すごくよくわかります。

「写真を撮るときにパッと笑顔になれるポーズです」とお父さん。「口元が似てるでしょ？」

豊かな海が広がる 九州

壱岐と対馬の真ん中にある七里ヶ曽根は、暖流と寒流がぶつかる大陸棚。プランクトンが多く、波が荒いので、身が締まったブリやヒラマサなどたくさんの魚が集まる漁場なんです。おすすめ！

唐津では、初めてスズキとハオコゼを釣った思い出の場所。唐津城が見える人気の釣り場です。ハオコゼは毒にご注意を。

長崎もおなじみの釣り場。福島沖では初めてイカダ釣りに挑戦しました。高島には、景色がよく、気軽に楽しめる「高島飛鳥磯釣公園」もあります。

- 対馬
- 七里ヶ曽根（長崎県）
- 壱岐
- 呼子
- 唐津
- 福島
- 早福港
- 九十九島
- 佐賀関
- 米水津
- 五島
- 高島
- 天草
- 牛深
- 甑島
- 日南
- 串木野
- 鹿屋
- 錦江湾
- 奄美大島

念願のGT（ロウニンアジ）をゲット★

猫の島

❶❷❸ 大入・芥屋・唐泊漁港
夕景も楽しんで

子どものころから親しんだ糸島の海。「日本の水浴場88選」に選定された芥屋など、景色がきれいな場所も多くて癒されます。近年はカキの養殖がさかんで、冬はカキ小屋が相次いでオープン。糸島方面では、ほかに船越・西浦・野北・岐志・福吉・深江・鹿家などでも釣りました。

❾ 相島
大型カマスの群れに遭遇！

念願のカマスを釣った相島。初めて釣れたときは、味も格別（笑）。釣り人に人気の島ですが、最近は猫の島としても有名に。

❽ 箱崎ふ頭
博多港最大のふ頭

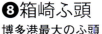

ブリをゲット♪

❹ 弘漁港
「金印」が出土した志賀島

志賀島にある弘漁港は、潮通しがよく、港内や堤防からシロギス、カレイ、アジ、アオリイカなどさまざまな魚がねらえます。シーズンは5〜10月ごろ。

❺ 姪浜
夜景も楽しめる

潮の干満によって釣果が大きく異なるともいわれる釣り場。夜釣りをするときは、近くの観覧車の夜景が楽しめます。近くにはフグの供養塔も。

⓭ 神湊漁港
ファミリーフィッシングにも

湊内を囲んで延びる内波止と大波止がメイン釣り場。定期船の桟橋と並行する内波止は足場もよく、テトラポッドもないので家族連れにも人気です。海釣り公園「うみんぐ大島」ではイメージガールを務めさせていただいています。

ハマっている釣りもの

奥深いタチウオ釣り

ダイワのSFA（スーパーフレッシュアングラー）に選ばれて、早9年の月日が経ち、私の釣りの幅は大きく広がりました。今でも癒しになる小もの釣りはしますし、ダイナミックな大もの釣りも大好きです。私はエサ釣りやルアーフィッシングもやりますし、魚の大小にこだわらず、その時に釣れる魚や食べたい魚を追って、釣りに出かけます。

そんな私が最近ハマっている釣りものは……ずばりタチウオ！ エサを使うテンヤの釣りと、ルアーでねらうジギングで、それぞれに違った面白さがあります。しかも味も最高においしいので、まさに私にぴったりなんです。

テンヤタチウオの場合、アタリを取って掛けていくところに一番面白みを感じます。アタリがあってから食い込むのを待つ釣りはどちらかというと苦手なのですが、逆にアタリを取ってバンバン掛けていく釣りは大得意！ アオリイカのティップランやワカサギ釣りも同じくアタリを掛けていく釣りなので、穂先に集中してアワセが決まったときには、それはもう、アドレナリンが出る瞬間がわかるほど（笑）。タナが合っていないと釣果も落ちてしまうので、タチウオのいる層を探り、その日最も反応のいい誘いを発見していかなければなりません。そうやって試行錯誤を重ねてタチウオを掛けたときの喜びは、船釣りといえども自分で捜して食わせた感があります。また、タチウオは引きが「狂暴」といいたくなるくらい強いので、水深のある場所からの巻き上げは、サイズが大きいと負けそうになるほど。

ジギングでは、ジャークのパターンはもちろん、エサにはないカラーやジグの動き、サイズ

奥が深くて、まだまだハマりそうなタチウオ釣り。

奄美で釣った思い出のGT。ロウニンアジへの疲れを忘れた笑顔がこぼれました。

で誘うことになるので、こちらもまた違った面白みが感じられます。水深150mほどの場所でも、タックルがライトなのでまったく疲れませんし、ライトゆえに小さなタチウオでも引きがかなり楽しいですよ♪

3年目に近づいたある夢

　ハマっている釣りものとは別に、私には釣りに関する夢があります。それは、ルアーフィッシングで自分の体重よりも大きな魚を釣ること。この夢には今までに何度か挑んでいます。そのひとつが、2013年に釣ったGT（ロウニンアジ）です。

　私はそれまで、大きい魚も釣りたいと思っていた反面、少し恐いという気持ちもありました。地元の玄界灘では、引きが強いとされるヒラマサを何度か釣ったことがあるのですが、10kgを超すと私を振り回すほどの力があります。そのサイズでも釣りあげるのが大変なのに、自分の体重を超す魚はどれほどの力があるのか、想像もつかなかったからです。

　でも、いつまでもおびえてチャレンジしなければ、めぐり会うことはできません。決意して挑んだGTは、やはり甘くありませんでした。GTのベストシーズンは4〜8月。鹿児島からさらに南方の奄美大島や沖縄でねらうので、身体がとけてしまいそうな暑さのなか、大きなフローティングのルアーをキャストするだけで体力がどんどん奪われていきます。チャレンジし始めて2年目までは、のべ4日間の釣行で大きなGTを出すことができませんでした。ただ、普段行かない海域での釣りだったので、とても珍しい魚たちと出会えて、まるで外国で釣りをしているかのような非日常的な気分を味わえました。

　そして迎えた3年目のチャレン

いろんなタイプの釣りが好きだけれど、大ものはやはりロマンがありますね。

ジ。ついに大きなGTを掛けることができたのです。トップに出たあの飛沫は、今でも忘れられません。突如、鳴り響くドラグ音。引きに耐えつつ、巻けるときに少しでも巻くことに必死になっていたので、そのときはGTの大きさなんて考える余裕もありませんでした。何度もサオを離したくなりました。
「でも、絶対に離さないから、絶対に姿を見せて……！」
　そうやってGTとの戦いを繰り広げたあと——。そこには、悔しがる私の姿でもなく、喜ぶ私の姿でもなく、バテている私の姿がありました。釣りあげてしばらくは、正直、喜びよりも疲労のほうが大きすぎて、動けなかったんです。でも、その後、私の横に並べられた魚体を見てびっくり！　想像を超える大きなGTの姿が横たわっていたんです。そして初めて、「こんなに大きな魚を釣ったんだ！」という

感動があふれてきて、さっきの疲れは何だったのだろうかと思うほど、うれしさで子どもみたいにピョンピョンと跳ねていました。
　そのGTの重さは、34kg。当時の私の体重だと、あともう少しのところだったのですが、次への自信とつながる1尾となりました。（あのころに比べると、私も巨大化してしまい、目標がさらに上がってしまったことは、ここだけの秘密です♪）

＊　　＊　　＊

　釣りと出合って25年。釣りに飽きるどころか、毎年のように、いいえ、毎回のように新しい発見と感動があります。釣りを知ってしまうと、絶対に抜け出せない中毒のような、依存症のようなものがあるのでしょうか。今後も、国内外問わず、まだ見ぬ未知の釣りの世界にどっぷりと浸かるつもりです！

Special Interview Ⅱ
今までと、今と、これから

釣り業界で活動し始めて、もうすぐ10年。
釣りや仕事を通して向き合ってきた自分のこと、家族、友だち……
節目を迎えた今、歩んできた道のりとこれからのことをお話しします。

Special Interview 2
MIPPY's Real Voice

釣りの世界と憧れの人に近づきたくて試練の道へ

　私は小学校に上がる前から釣りを始めましたが、それを周囲に気兼ねなく明かせるようになったのは、大学生になってからのことです。最近では釣りをする女性もずいぶんと増えましたが、当時はまだ男性的なイメージが強かったので恥ずかしかったし、ばかにされたらイヤだな、という気持ちがあったからです。

　中学・高校時代、そして大学1、2年あたりまで、私は自分の性格について悩んでいました。高校に入学した当初、周りの子が同じ中学校同士で固まっていて、なかなかなじめませんでした。それから人見知りするようになり、マイナス思考が強くなっていったんです。大学に入ったときも、最初の授業での席順が、私の周りだけ男の子だらけで、ほかの女子グループの輪に入れなくて、そのうち学校を休みがちになってしまいました。

　そうした状況を父から叱られたこともあって、MCの学校に通い始めました。人見知りを直して、人前で堂々と話せるようにと思うようになったんです。SFA（ダイワスーパーフレッシュアングラー）として活動を始める前のことです。

　釣りの楽しさを広めたいといつしか思うようになったのは、子どものころから見ていた釣り番組や、児島玲子さんへの憧れが心にずっと残っていたからだと思います。玲子さんは、きれいでかっこよくて、釣り人

イベントでは、女性アングラーとしての視点でお話をさせていただくことも。

ありがたいことに、最近では人見知りになっている暇がないくらい

としても女性としても尊敬します。「あんな風になれたら」って、何度も思いました。でも、私と玲子さんとでは見た目も性格もまるで違う。周りからも「みっぴは玲子さんみたいにはなれん」って、よく言われました。

　最初はとにかく、緊張せずうまく話せることを目標にMCの勉強をしていました。学校に通い始めて間もないころ、釣りのイベントに出させていただいたことがあるのですが、散々な出来で……。今思い出しても、つらいです(笑)。

　自分の性格も直したくて学校に通い始めたからだと思いますが、そうやってなんとか活動を続けていくうち、自分を客観的に見られるようになったとは思います。

　私はすごく優柔不断で、はっきりと自分の意見を言うのが何よりも苦手。お店でメニューを決めるのも、いつも時間がかかります。頑固なところもあるので、守りたい部分は心の中で貫いているつもりなのですが、それをうまく言葉にして表に出せないんです。だから、よく「何を考えているのかわからない」と言われることもあります。感情の起伏は激しくないほうなのですが、それを表に出すこともないから、気持ちを誤解されてしまうこともあります……。人と仲良くなるのにも、時間がかかるタイプです。

　今でも、性格が大きく変わったわけではないので、1対1で話すと緊張することもありますが、人見知りはだいぶ直ったのかなと思います。

というより、最近ではありがたいことにイベントや釣具店さんによく呼んでいただいているので、人見知りになっている暇がないという感じで、なんとかやれているのかな(笑)。自分から積極的に話しかけることはないのですが、相手から話しかけられれば楽しくしゃべれるようになりました。

「釣りガール」としての葛藤と釣りライフの変化

大学3年生のときにSFAに選ばれてからは、環境が一変しました。一番、大きかったのは、周囲に釣りの活動をオープンにできたこと。釣り番組などの専門メディアに出るようになると、少しずつ知人に知られるようになって、大学の友だちからもいい反応があって……気持ちがすっと楽になったことを覚えています。友だちにせがまれて一緒に釣りに行くようにもなりました。人生の転機といってもいいかもしれません。

ただ、活動を始めたばかりのころは、人前に出ることにちょっと複雑な思いもありました。露出が一気に増えた時期、人が押し寄せてくるような状況になって、混乱してしまったんです。当時はまだ釣り業界に女性も少なかったので、私のような存在が珍しかったんですよね。たとえば、1人にしか話していないことが広まっていたこともあったりして、一時期は人間不信になってしまいました。

でも、人を信用できなかったのは、

　私が自分に自信を持てなかったからなのかな、とも思います。今でも、褒められても「本当なのかな？」って疑う自分がいて……。はっきりと自信が持てるようになったら、どんなにいいだろうって思います。
　SFAの活動も、今とはだいぶ違いました。今でこそ、私が把握しきれないほど釣りガールが増えましたが、当初は少なかったんです。例えば、釣り番組に出る場合、技術を解説するというよりも、釣りの楽しさを伝えることが重視されていたように思います。私も、釣りを身近に感じてほしいと思っていたので、少しずつ活動を続けていくうちに女性アングラーも増えてきたし、今の状況がとてもうれしいですね。
　釣りをする女性が増えた今では、番組でも自分らしくいられて、自由に釣りができるようになりました。男性から「教えてください」って言われるようになったことが、何よりの変化かもしれません。最初のころは、釣り具メーカーと契約しているテスターさんでもない限り、男性からそんな風に言われるなんて考えられないことでしたから。ずいぶんと状況が変わったと思います。
　それから、この１、２年で大きく変わったことが、SNSを通して女性から応援してもらえるようになったこと。特に、女性に人気のInstagram経由が多いみたいです。最初は「私に女性のファンがつくの！？」って、びっくりして。今でもまだちょっと信じられないんです。ほかには、彼氏さんと一緒に釣

応援していただいている方々から、「みっぴと同じリールを買ったよ」「みっぴがかぶっている帽子を買ったよ」って言われるとうれしいですね。励みになります。

仲間がたくさん増えて、みんなで釣る楽しさを覚えて、釣りの世界が大きく変わりました

り番組を見て知ってくれた女性もいますし、釣りをする女性が増えたという背景もあるみたいですね。

　私の釣りのスタイルも昔とだいぶ変わりました。最初のころのモヤモヤした気持ちが消えていったのも、釣りに対するこだわりがなくなったせいかもしれません。たとえば、以前のように、技術や魚の重さを追求しすぎなることがなくなって、釣りの幅が広がりました。最近では、「本気モードの釣り」と「ピクニック気分の釣り」を分けて楽しんでいます。小さいアタリを取っていく、集中力を要するのが本気モード、その場の雰囲気を楽しむのが、ピクニックの釣り。ピクニックの釣りは、釣れなくても全然気になりません。

　SFAになって仲間がたくさん増えたことも、私の釣りの世界を大きく変えました。みんなで釣る楽しさを覚えたので、1人で行くことはぐっと減りましたね。学生時代はひたすら1人で海へ通っていましたから。自分が釣れなくても誰かが釣れたらうれしいし、その場が楽しくなりますよね。

家族や仲間、ファンの応援で地道に夢を叶えてきました

　釣りにのめり込んで、児島玲子さんみたいになりたくてこの世界に入って、なんとか自分なりにやってこれたのかな、と思います。釣り関係の年上の知り合いの方々からよく「5年後、10年後を考えたほうがいいよ」ってアドバイスをいただくの

ですが、私はあまり計画的なタイプではないので、目の前にあるできることを少しずつ続けてきました。もうすぐ10年目になります。気づいたら目指してきた場所に立っているのかな、という感じです。

最近では「親しみが持てる」って言われるようになったのが、すごくうれしいです。それが、自分の持ち味なのかな?

児島玲子さんは今でも憧れの人です。以前は、見た目も個性もまったく違うのに、心のどこかで比べてしまうこともありましたが、今では「私は私で、違うやり方でいいんだ」って思えるようになりました。

いろんな人と知り合うなかで、「趣味を仕事にしていていいね」と言われることもあるんですが、私にとって、釣りは趣味や仕事を超えたもの。「仕事」とか「職業」という感覚があまりなくて、やらずにはいられない、好きでたまらない存在なんです。

両親からは「自分の好きなことを仕事に」とよく言われてきたので、それが実現できたことも、とてもうれしいです。たくさん心配かけましたから。

夢を身近で支え続けてくれた家族には、感謝してもしきれません。釣りを教えてくれた父のことはいろんなところで話してきましたが、子どものころからそばで見守ってくれた姉には、改めてお礼を言いたいです。

7つ上の姉は、私が最も心を許せる、何でも話せる相手。姉も、私に対して同じように思っています。親友も両親も仲間も大切な存在です

125

お姉ちゃん、お兄ちゃんとはずっと仲良し。お兄ちゃんにはこのころから張り合っていましたが(笑)、小学校に入ってから釣り仲間に。お姉ちゃんはおうちで何でも話してきた、かけがえのない存在。

姉は、私が最も心を許せる相手。
今の自分があるのは姉のおかげなんです

が、そのどれとも違う、私にとって唯一の、特別な存在です。小さいころからいろいろと真似もして、影響を受けました。姉が失敗したのを見て、ピアスの穴を開けるのをやめたりとか(笑)、反面教師でもあります。

姉は、私と兄とは違って、完全にインドア派です。手芸が得意で、家でよく本を読んでいたので頭もよくて、受験前はよく勉強を見てもらいました。「ちゃんと勉強して、大学入らんといけんよ」って、私の将来についても何かと世話を焼いてくれました。長女だから、責任感もプレッシャーも、人一倍、強かったんだと思います。

姉に言われて大学進学を決めて、その大学時代が私の転機になったことを考えると、今の自分があるのは姉のおかげなんだと心の底から思います。

ちなみに、母はおっとりしていると見られがちなんですが、実はとても気が強くて、しっかり者。父はいつも押されています(笑)。父は、私が子どものころは厳しい顔も見せたけど、今ではすっかり丸くなりました。でも、あいかわらず心配性なので、優しさだとはわかっていても、たまに言い返してしまいます。それで、いつも後で反省しています……。

30歳を前にして考える
恋愛や結婚のこと

もうすぐ30歳になりますが、あまり身構えるような気分はなくて、むしろ「早く30歳になりたい」と

お父さんは、かっこよくて、話も面白くて、家族思いで……世界一、尊敬する人です。

思ってきました。

　同い年の友人たちと集まると、最後は「で、結婚どうする！？」という感じで、恋愛や結婚の話題は出ます。私の周りだと、結婚ラッシュだったのが27歳くらいだったので、今では「もうこの年になったら披露宴はやらんでいっか」とか「せっかく仕事を覚えたからやめるのももったいないし、願望も減ってくるよね〜」とか言っています(笑)。

　ちなみに、博多は男性より女性の人口が多いので、余ってるそうです。最近は女性が強くなってきているので、うまくいっている家庭は奥さんが強いみたいですね。うちの両親がまさにそのタイプ(笑)。性格も正反対なので、補い合っていい夫婦だな、と思います。

　理想の相手をあげるなら、笑顔が素敵で、やさしい人。ニコッと屈託なく笑えて、さわやかな雰囲気の人がいいですね。天気のいい日に、レジャーシートを持ってピクニックに出かけるデートがしてみたいです。……理想の恋愛について語ると、お父さんみたいだね、ってよく言われます。父はやさしさの塊みたな人だし、やっぱりどこか意識するところはあるのかもしれません。

　いつか結婚したら、父が私にしてくれたように、私も子どもを喜ばせてあげたい。父が私たちを毛布にくるんで海に連れていってくれたように、海の美しさや釣りの楽しさを、私も伝えていきたいです。

秋丸美帆（あきまる・みほ）
1987年生まれ。福岡県出身。愛称みっぴ。父の影響で5歳から釣りを始める。2008年、釣り具メーカー DAIWAの創立50周年企画「ダイワ スーパーフレッシュアングラー」にオーディションで選ばれ、釣りの楽しさを広める活動を展開中。趣味は海外旅行とスキューバダイビング。

本体表紙・扉イラスト	秋丸美帆
写真	佐藤佳穂
デザイン	吉永百合
編集	伊藤春奈

みっぴ100%
秋丸美帆

2017年5月1日発行

■発行者　山根和明
■発行所　株式会社つり人社
〒101-8408　東京都千代田区神田神保町1-30-13
■TEL 03-3294-0781（営業部）
■TEL 03-3294-0789（編集部）
■印刷・製本　大日本印刷株式会社
乱丁、落丁などありましたらお取り替えいたします。
©TSURIBITOSHA 2017.Printed in Japan
ISBN:978-4-86447-301-9 C2075

■つり人社ホームページ　http://tsuribito.co.jp/
■つり人オンライン　http://web.tsuribito.co.jp/
■釣り人道具店　http://tsuribito-dougu.com/

本書の内容の一部、あるいは全部を無断で複写、複製（コピー・スキャン）することは、法律で認められた場合を除き、著作者（編者）および出版社の権利の侵害になりますので、必要の場合は、あらかじめ小社あて許諾を求めてください。

本書に掲載された情報は、2017年4月現在のものです。